Die ehrlichen Glückwünsche

Bettina Bauch

Die ehrlichen Glückwünsche

Mit einem Vorwort

von

Eckhard Schmittner

Impressum

© 2018, Bettina Bauch & Eckhard Schmittner

Titel: Die ehrlichen Glückwünsche

Autorin: Bettina Bauch

Vorwort: Eckhard Schmittner

Alle Rechte vorbehalten.

Covergestaltung: Eckhard Schmittner

Vorwort

Ehrlich gemeinte und vom „Herzen kommende

Glück- und Lebenswünsche freuen die Betreffenden insbesondere dann, wenn in der schnelllebigen elektronischen Zeit, sich der Mühe unterzogen wird, einmal eine mit Liebe ausgesuchte und sogar mit Hand geschriebene Glückwunschkarte zum Geburtstag in Empfang zu nehmen.

Besonders wertvoll sind persönliche, kreativ und mit viel Freude gestaltete Ehrenkarten.

Selbstverständlich unterstelle ich, dass Zynismus, die geschriebene Lüge und eben nur „Anstandsdenken" (… wir kennen uns ja schon so lange…), jeden Glückwunschschreiber sicherlich davon abhält, Phrasen, dreiste Unwahrheiten und Scheinheiligkeiten schriftlich auf eine Glückwunschkarte zu formulieren!

Schriftlich formulierte Glückwünsche sind ja keine „Pflichtschreiben"!

Oder etwa doch???

Eckhard Schmittner

Alles Liebe zum Geburtstag,

vor allem immer Gesundheit im neuen Lebensjahr,

schöne und lustige Erlebnisse

mit Mama, Papa und XXX

wünschen Dir

Deine XXX und Dein XXX

Alles ist fremdes Eigentum,

nur die Zeit ist unser.

Nur diese eine vergängliche und flüchtige Sache hat uns

die Natur zu eigen gegeben

und doch vertreibt uns daraus, wer will.

(SENECA)

Liebe XXX

Zu Deinem Geburtstag gratuliere ich Dir ganz herzlich.

Ich hoffe, dass Ihr diesen Tag

-trotz der Berufspflicht-

noch angenehm verbringen könnt.

In Gedanken umarme ich Dich und sende Dir

die herzlichsten Grüße

XXX

Zu deinem Geburtstag

ein kleines Gedicht:

Du bist jetzt älter,

wir sind´s nicht.

Happy Birthday

wünschen

XXX

Liebe XXX

Alles Gute zum Geburtstag vor allem

Gesundheit und ein schönes

Rentnerleben

wünschen Dir

XXX

Mach´s wie der Bär

Und lass dich mal so richtig hängen

*Auf der Vorderseite der kostenlosen
Geburtstagskarte war ein Schwarzbär abgebildet.*

Liebe XXX

Nun ist es soweit

-XXX Jahre-

Was für ein Jubiläum!!!

Wir wünschen Dir alles Gute

Und eine ganz tolle Geburtstagsparty

Dein /Deine XXX

Heute sollen die Gläser klingen-

die Zukunft soll nur Gutes bringen!

Herzlichen Glückwunsch!

Die Karte wurde mit Büttenpapier und Fotos selbst gebastelt.

Alles Gute

LERNE

aus der Vergangenheit

TRÄUME

von der Zukunft, und

LEBE

in der Gegenwart

Zum Geburtstag herzlichen Glückwunsch

XXX

Herzlichen Glückwunsch!

Träume gehen in Erfüllung,

wenn man fest daran glaubt.

Liebe /lieber XXX

Zu Deinem Geburtstag wünschen wir Dir

ein neues Lebensjahr voll Gesundheit,

spannenden Erlebnissen, erfreulichen Begegnungen

und voll Freude am Leben

mit XXX

Unterschriften XXX

Auf diesem Weg

wünschen wir Dir alles Gute

zum Geburtstag,

ein schönes Fest im Kreis Deiner Lieben

und

Gesundheitlich alles Gute

Liebe XXX

Zu Deinem Geburtstag möchten wir Dir recht herzlich

gratulieren

und wünschen Dir

von ganzen Herzen alles, alles Liebe und Gute,

viel Glück und Zufriedenheit,

sowie ganz viel Gesundheit,

Elan und Schaffenskraft

für alles

was Du in Deinem neuen Lebensabschnitt geplant hast… .

Lass Dich so richtig verwöhnen… .

Nicht nur der Wein lehrt uns begreifen-

Die Besten sind doch

Stets

die Reifen!

… in diesem Sinne,

liebe XXX

alles Gute zum Geburtstag.

Lasse Dich hochleben und habe einen

schönen Tag mit XXX

Liebe Grüße von XXX

Alles Gute zum Geburtstag

365 neue Tage,

365 neue Chancen,

365 neue Möglichkeiten,

365 neue Taten,

365 gute Wünsche

Alles Gute zum Geburtstag wünschen

XXX

Die Karte war mit einem Füller geschrieben

und mit zwei gemalten Blumen

verziert

Liebe/Lieber XXX

herzliche Gratulation zu Deinem Geburtstag

und die besten Wünsche für

Dein neues Lebensjahr

-vor allem was die Gesundheit betrifft.

Ganz liebe Grüße auch

an XXX

Liebe XXX /lieber XXX

Es ist nicht die Zahl der Jahre,

die ein erfülltes Leben ausmacht,

sondern die Summe der schönen Stunden

und der erreichten Ziele.

Mögen noch viele Deiner Träume

Wahr werden

Dein XXX

Lass Dich heut mit allem Schönen,

so wie Du es verdienst, verwöhnen.

Und wir wünschen Dir,

und nicht nur heut,

alles was dein Herz erfreut.

Alles Liebe und Gute

Zu Deinem Geburtstag wünschen Dir

liebe / lieber XXX

von ganzen Herzen XXX

Liebe XXX / lieber XXX

Du kannst einen Elefanten festhalten,

wenn er fliehen will.

Herzlichen Glückwunsch zu Deinem XXX Geburtstag.

Bleib wie Du bist!

… wie sonst?

von XXX

Geschrieben

in einer aufklappbaren Musikkarte

mit persönlicher Zeichnung

veredelt.

Liebe XXX

Wir möchten Dir ganz herzlich zum Geburtstag
gratulieren

und

alles Gute wünschen,

vor allem natürlich Gesundheit.

Bestimmt kochst Du was Leckeres

und machst Dir mit XXX

einen schönen Tag.

Liebe Grüße von XXX

Liebe XXX

Zu deinem Geburtstag

Wünsche ich dir alle erdenklich Gute:

Beste Gesundheit, Glück, Zufriedenheit, eine schöne Feier.

Lass Dich gebührend feiern und verwöhnen.

Beste Grüße natürlich auch an XXX

Herzlichen Glückwunsch zu Deinem Geburtstag

Wir wünschen Dir, liebe / lieber XXX

alles Gute,

viel Gesundheit, Glück

und vieles mehr.

**Immer eine spitze Feder, gute Ideen für die
Geschichten!**

Liebe Grüße XXX

Die Glückwunschkarte wurde per Hand

im Siebdruckverfahren hergestellt.

Herzlichen Glückwunsch

zum Geburtstag,

Dir lieber / liebe XXX

Von XXX

Genieße den Ehrentag bei bester Gesundheit

mit Deiner XXX

und

Familie

und

Freunden

Wenn Liebe ein Duft ist,

so ist die Blume, die ihr entströmt,

die schönste der Schöpfung (

(e Musset)

In diesem Sinne wünschen wir Dir,

liebe XXX,

viele Blumen zum Ehrentag,

natürlich auch immer im Garten.

Genieße den Ehrentag.

Für das neue Lebensjahr alle lieben Wünsche

für Gesundheit, Glück und alles,

was Du Dir wünscht

von XXX

Zum Geburtstag alle guten Wünsche

Für

Gesundheit,

viel privates Glück,

schöne Reisen und vieles mehr

von Deiner XXX

Bleib immer so optimistisch und kreativ-

Du packst einfach alles!

Liebe XXX

Zu Deinem besonderen Geburtstag

(wirklich mit Tandemsprung?)

Alle guten Wünsche,

vor allem für ein

neues, gesundes

und

erlebnisreiches Jahr!

Bleib wie Du bist,

denn so bist Du einfach toll.

Herzlichst

XXX

Nachträglich,

aber nicht weniger herzlich!

Zum

Geburtstag alle guten Wünsche,

vor allem für

Gesundheit, glückliche Stunden

Mit Deinem lieben Mann

und der ganzen Familie

und weiterhin

einen „grünen" Daumen" im Garten.

Deine XXX

Lieber /liebe XXX

Die besten Wünsche für ein gesundes,

ereignisreiches neues Lebensjahr

übermitteln Dir XXX.

Genieße den Ehrentag

und lass

Dich von allen so richtig verwöhnen

Herzlichen Glückwunsch zum Geburtstag

und vielleicht auch einen großen Schein,

´ne schöne Feier mit einer Torte,

von Freuden eine Menge guter Worte,

Gesundheit oben dran,

so nehme das neue Jahr

für Dich seinen Lauf.

In Sinne wünschen wir Dir alles

Gute

XXX

Herzliche Glückwünsche

Senden wir Dir liebe XXX

Deine XXX

Auf diesem Weg zum XXX Geburtstag

Wünschen wir Dir vor allem bestmögliche
Gesundheit,

Freude beim Lesen

und schöne Stunden

mit den Freunden und Bekannten

auf der XXX.

Dann bahnt sich eine große Feier ihren Weg.

Wir drücken Dich ganz lieb

XXX

Liebe XXX,

zum diesjährigen Geburtstag wünschen wir Dir von Herzen

Gesundheit, Elan, schöne Stunden mit der Familie

und beim Tanzen

und vielleicht schon eine Dir gewidmete Komposition

vom Sohnemann.

Bleib so wie Du bist.

Liebe Grüße

XXX

Herzliche Glückwunsch zum Geburtstag,

ein schönes Fest mit

tollen Geschenken,

fröhlichen Liedern

wünschen Euch

XXX

Kauf Dir etwas Schönes!

Zum diesjährigen besonderen Geburtstag

alle guten Wünsche

für

tolle Erlebnisse bei bester Gesundheit,

Ausdauer

und Erfolg beim Lernen

(das mit Englisch wird schon klappen!)

und eine schöne Feier mit

Mutti, Vati und Schwesterherz

Von Deiner / Deinem XXX

Zum Geburtstag und die besten Wünsche

für

Gesundheit, Schaffenskraft, Freude an Deinem Hobby

Und

der tollen Familie

von

Deiner XXX

Zum diesjährigen Geburtstag

-sicher unter glücklichen Umständen-

wünschen wir Dir viel Freude,

schöne Stunden mit der Familie,

tolle Geschenke

und alles was Du Dir so wünscht.

Deine XXX

Zu Deinem Geburtstag alles Liebe,

einen wunderschönen Feiertag

mit den Eltern, Oma XXX,

Deinen Freundinnen,

und das alles bei schönsten Wetter und bester Gesundheit

wünschen

Dir XXX

Zum Geburtstag

Wünschen wir Dir

(=wir zwei und die auf der Karte noch vorhandenen
"Flugobjekte")

alles erdenklich Gute,

vor allem

Gesundheit, kreative Ideen

(auch von uns nachzumachen),

stets Freude mit XXX

und Kindern,

ja alles, was Du Dir so wünscht.

Deine XXX

*Auf der Karte befand sich eine Blumenblüte mit
Bienen*

Glück, Gesundheit, Ruhe, Stärke,

gute Laune, Freude, Erholung

All das wünschen wir Dir, liebe XXX zum Geburtstg.

Lass Dich von recht vielen

guten Freundinnen verwöhnen und beschenken.

Das wünschen Dir Deine XXX

Wir werden später anrufen, da wir einige Tage an den

Gardasee fahren.

Lieber XXX

Herzliche Geburtstagsgrüße aus XXX

(siehe Foto) und alle lieben Wünsche für

Gesundheit, Schaffenskraft, kreative Einfälle

Und viel Freude mit deiner lieben Frau

wünschen XXX

Wir wünschen dem Geburtstagskind

Dass stets alle Probleme lösbar sind

Und alle Sorgen rasch entfliehen

Die dunklen Wolken weiterziehen

Die Sonne soll Dir immer scheinen

Im Großen soll dir wie im Kleinen

Sehr gut gelingen, was du planst

Damit du immer lachen kannst

Alles Gute zum Geburtstag

Wünschen

XXX

Wer deinen Traum kennt,

findet den Weg

(Claire Flowers)

Liebe XXX,

nun hast Du die XXX geknackt,

wir wünschen Dir viel Kraft, die nächsten Schritte,

auch ins Berufsleben, mit Freude, Engagement,

Fleiß und bei bester Gesundheit zu gehen.

In Deiner lieben Familie,

bei neuen Freunden in der Ausbildung

und auch bei uns findest Du Menschen,

die Dir bei Entscheidungen beistehen.

Alles Liebe

von Deiner XXX

Jeder, der sich die Fähigkeit erhält,

schönes zu erkennen,

wird nie alt werden.

(F. Kafka)

Zum XXX Geburtstag alles Liebe,

stets Gesundheit, Freude und Kraft.

alles erfolgreich zu beenden,

wünschen Dir lieber XXX

Deine XXX

Es ist nun der tollste und ein ganz wichtiger
Lebensabschnitt,

in dem sich so vieles entscheidet,

wir wünschen Dir immer gute Ideen,

Pläne und Träume,

die Dir dabei helfen, das Richtige

zu tun.

Zum diesjährigen … Geburtstag

Alles Liebe, Gesundheit, Glück,

auch bei der Arbeitsfindung –

und mit Deinem XXX und der Familie.

Stets genug Ausgeglichenheit

Wünschen Dir XXX

Das Leben ist kostbar!

Am Morgen erwachen und daran denken,

was für ein kostbarer Schatz es ist, zu leben

zu atmen und sich freuen zu können.

Liebe / Lieber XXX

Wir gratulieren Dir ganz herzlich zum Geburtstag

und

wünschen Dir

ein gesundes, glückliches und erfolgreiches neues
Lebensjahr!

Viele Grüße auch an XXX

Viel Glück, Mut, Zufriedenheit

für deine ganze Lebenszeit.

Dass die Sonne immer lacht

für dich,

das und noch viel mehr wünschen wir dir

liebe / lieber XXX

von ganzen Herzen.

Bleib schön gesund

Liebe Grüße XXX

Geburtstage

sind gut für die Gesundheit.

Studien haben bewiesen,

wer mehr Geburtstage hat,

lebt auch länger

Alles Gute zum Geburtstag

wünschen XXX

Je älter man wird

desto mehr ähnelt die

Geburtstagstorte

einem

Fahnenzug

(Katherine Hepburn)

Herzlichste Glückwünsche zum Geburtstag

Dieser Spruch befand sich auf der Vorderseite einer

Musikklappkarte